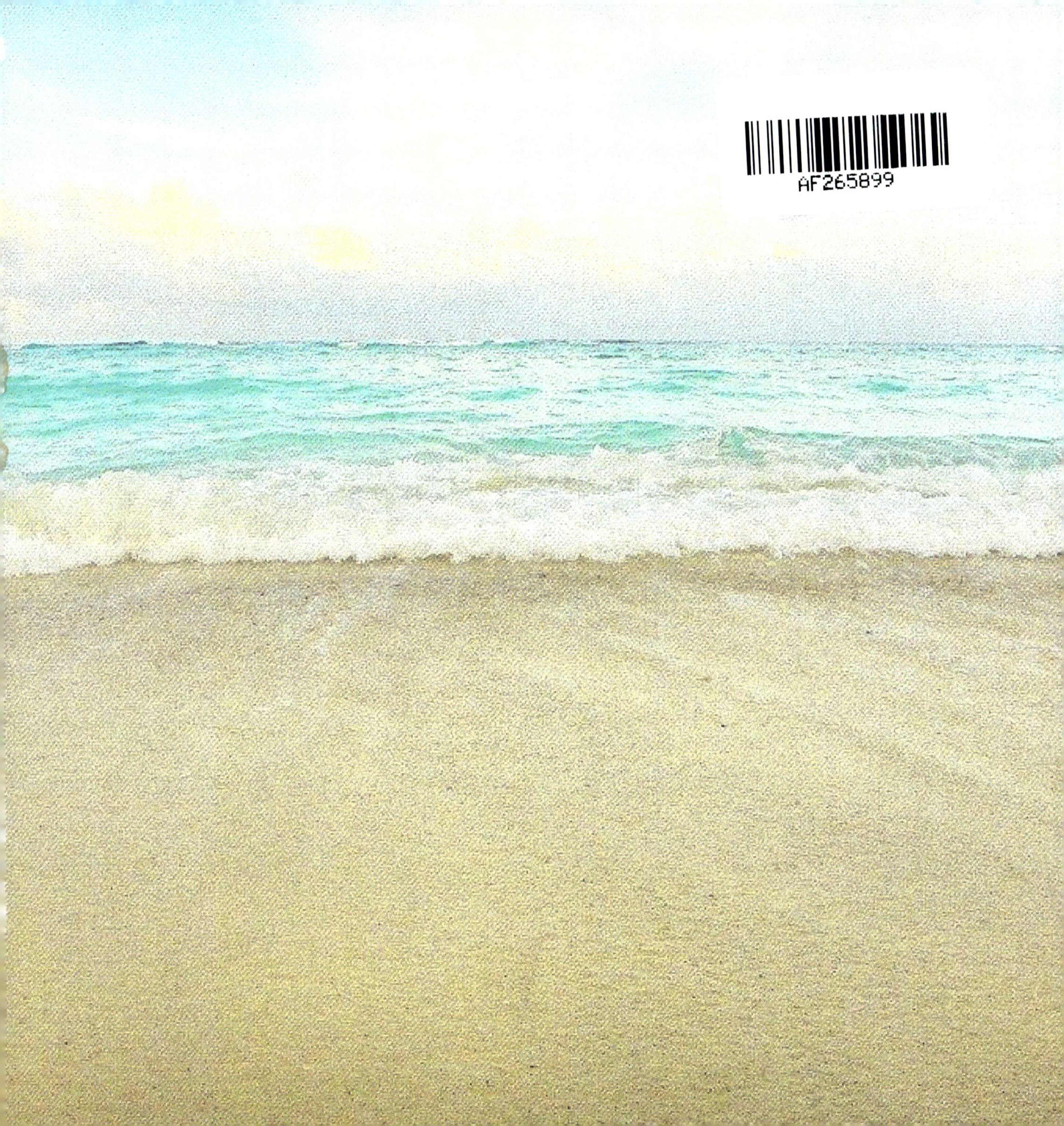
AF265899

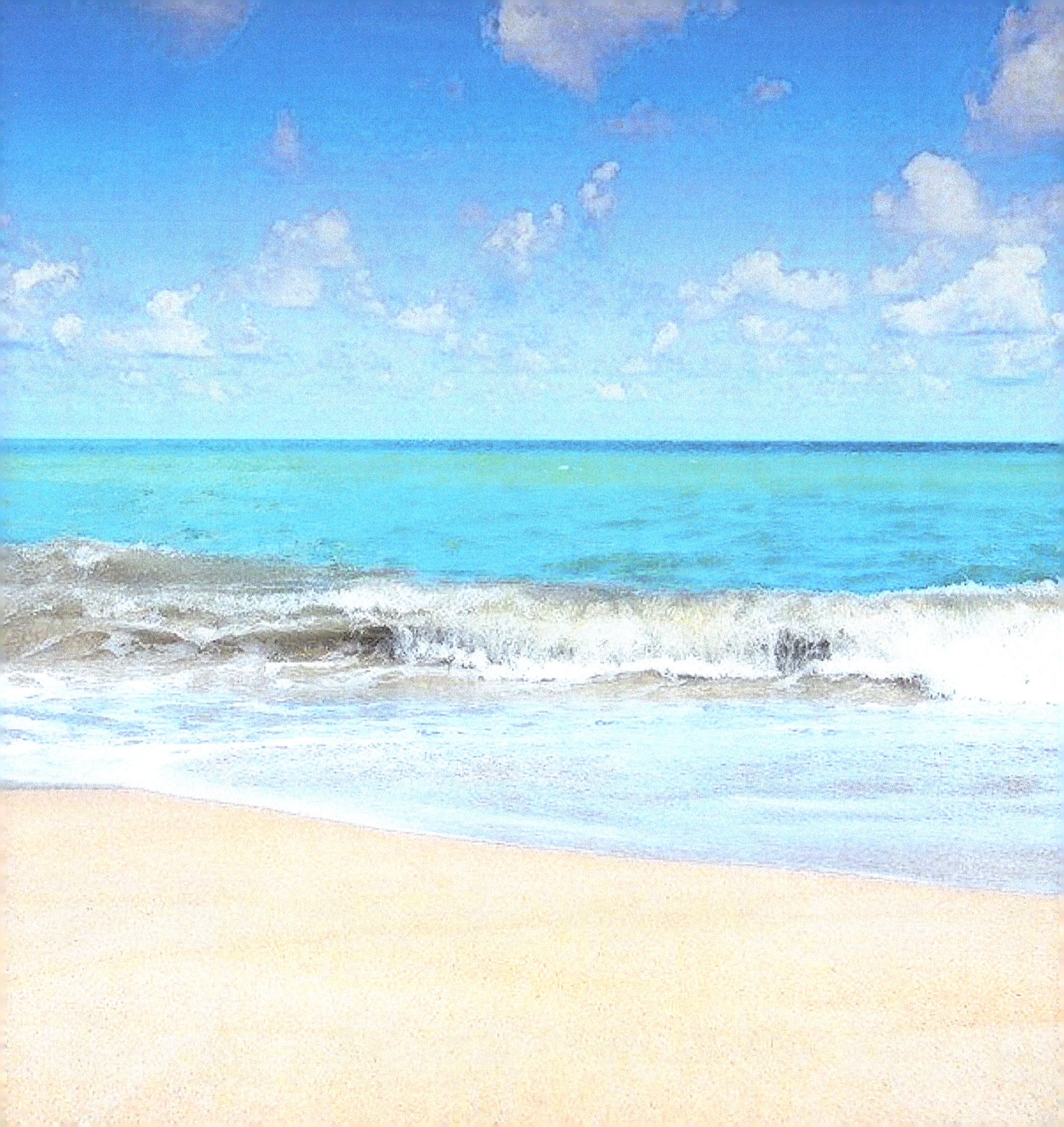

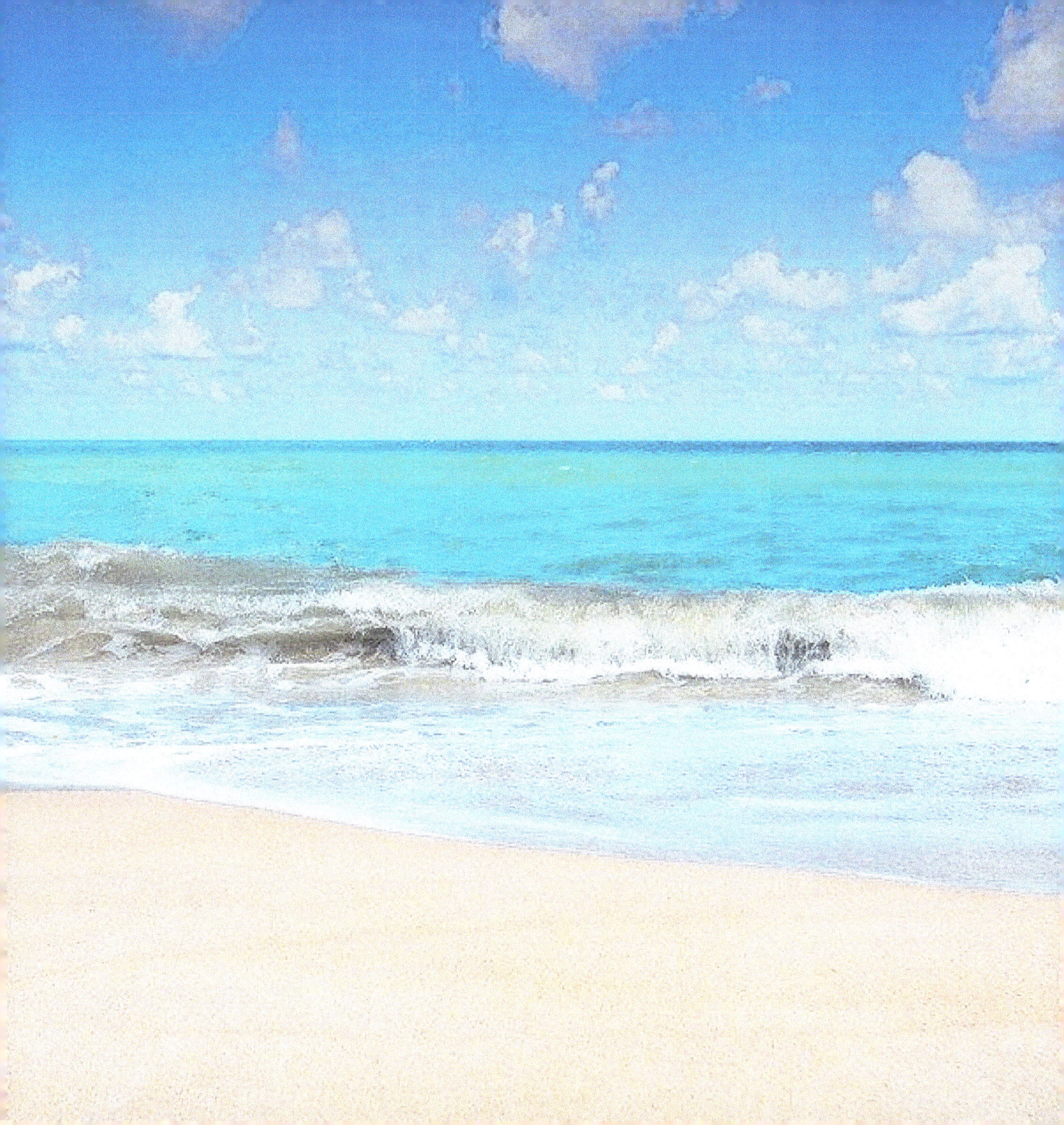

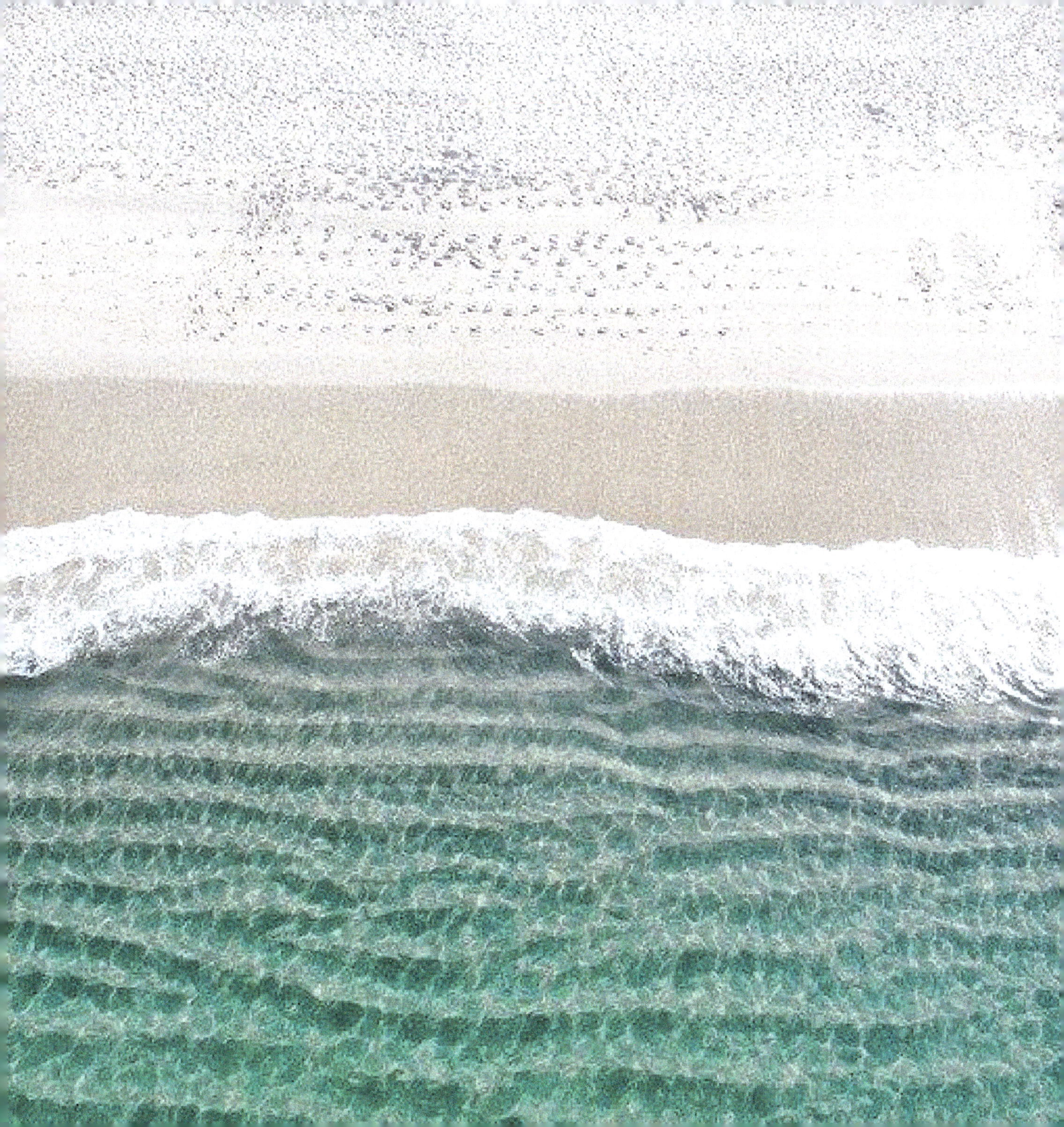

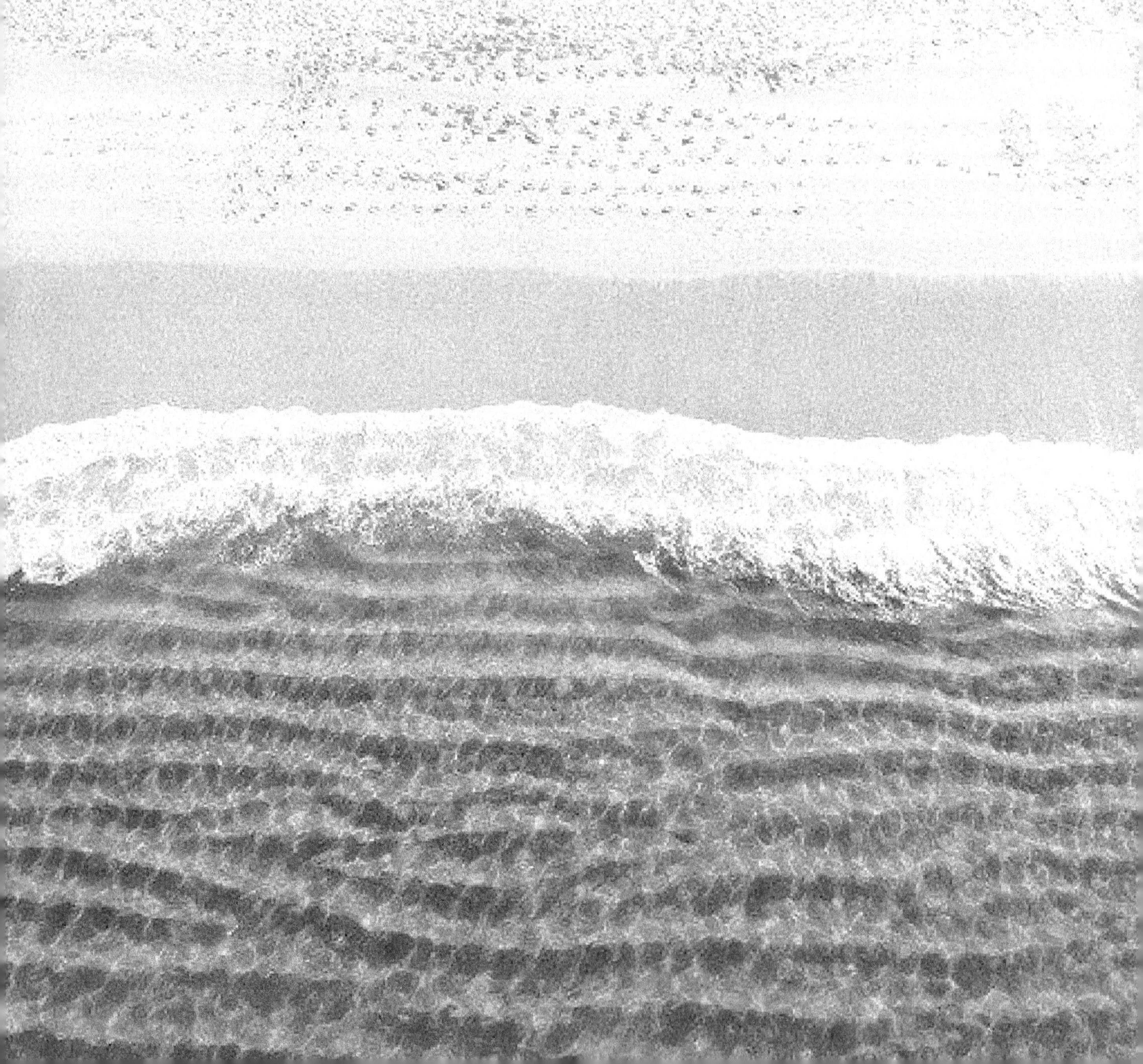

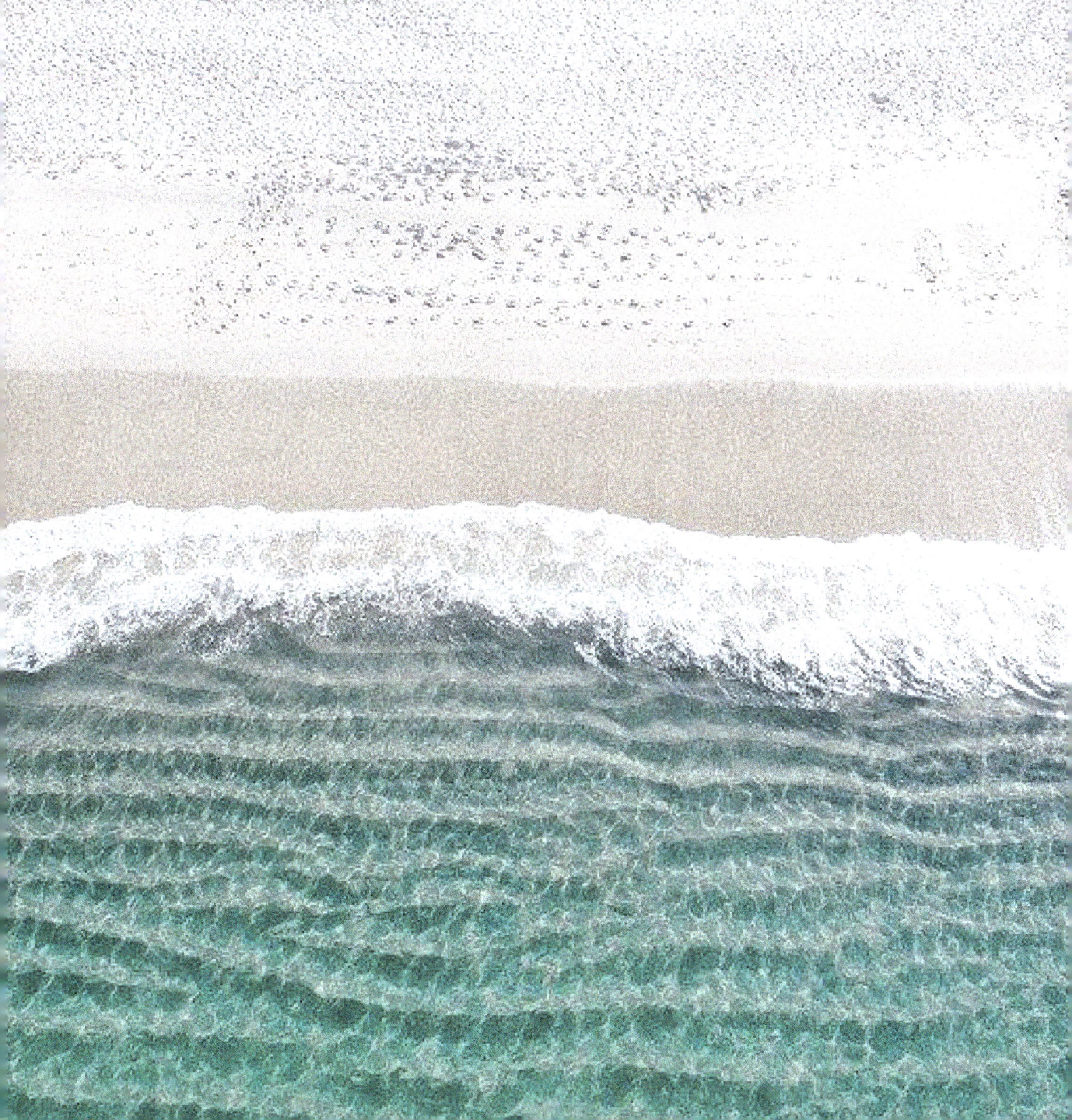

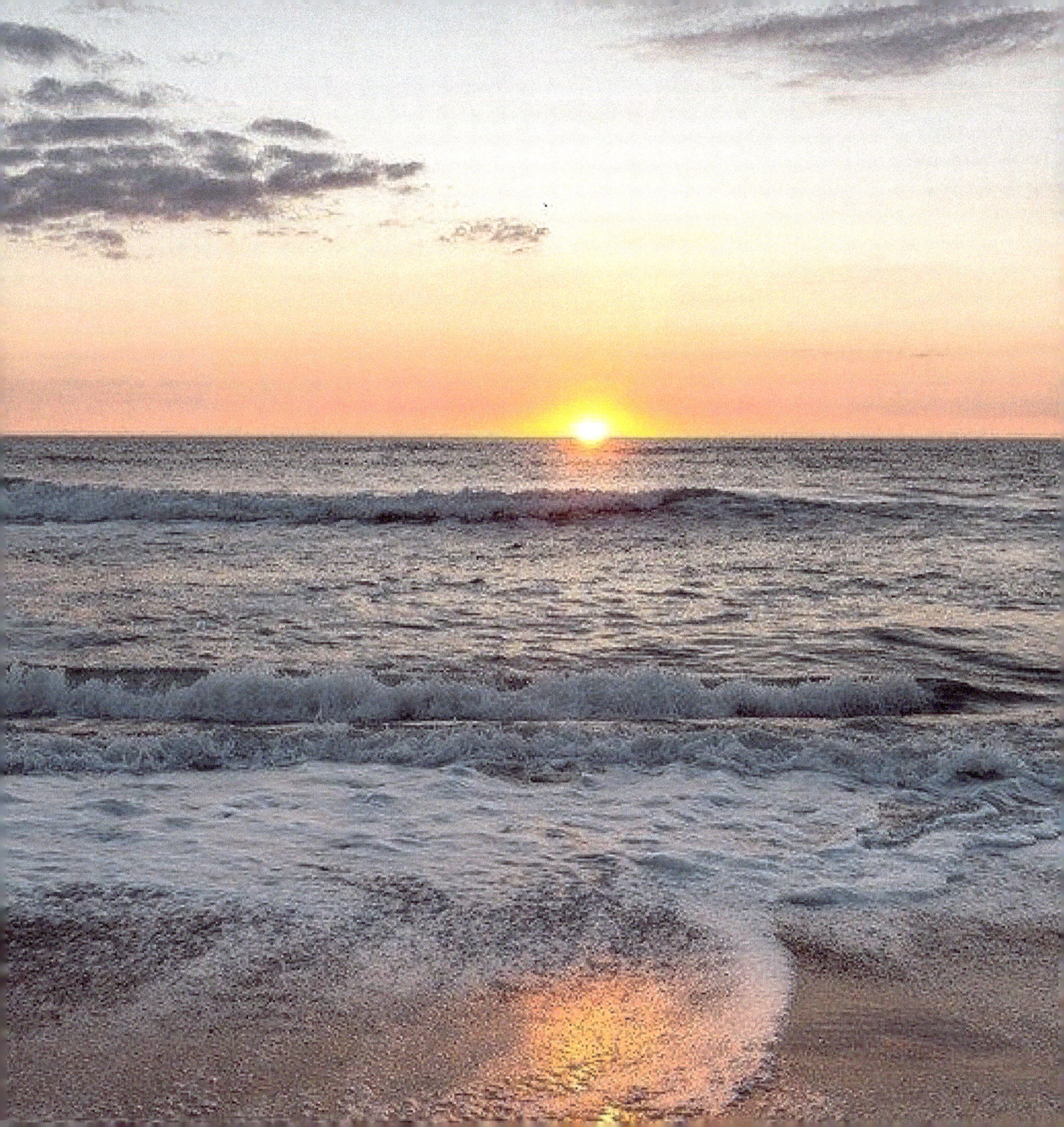

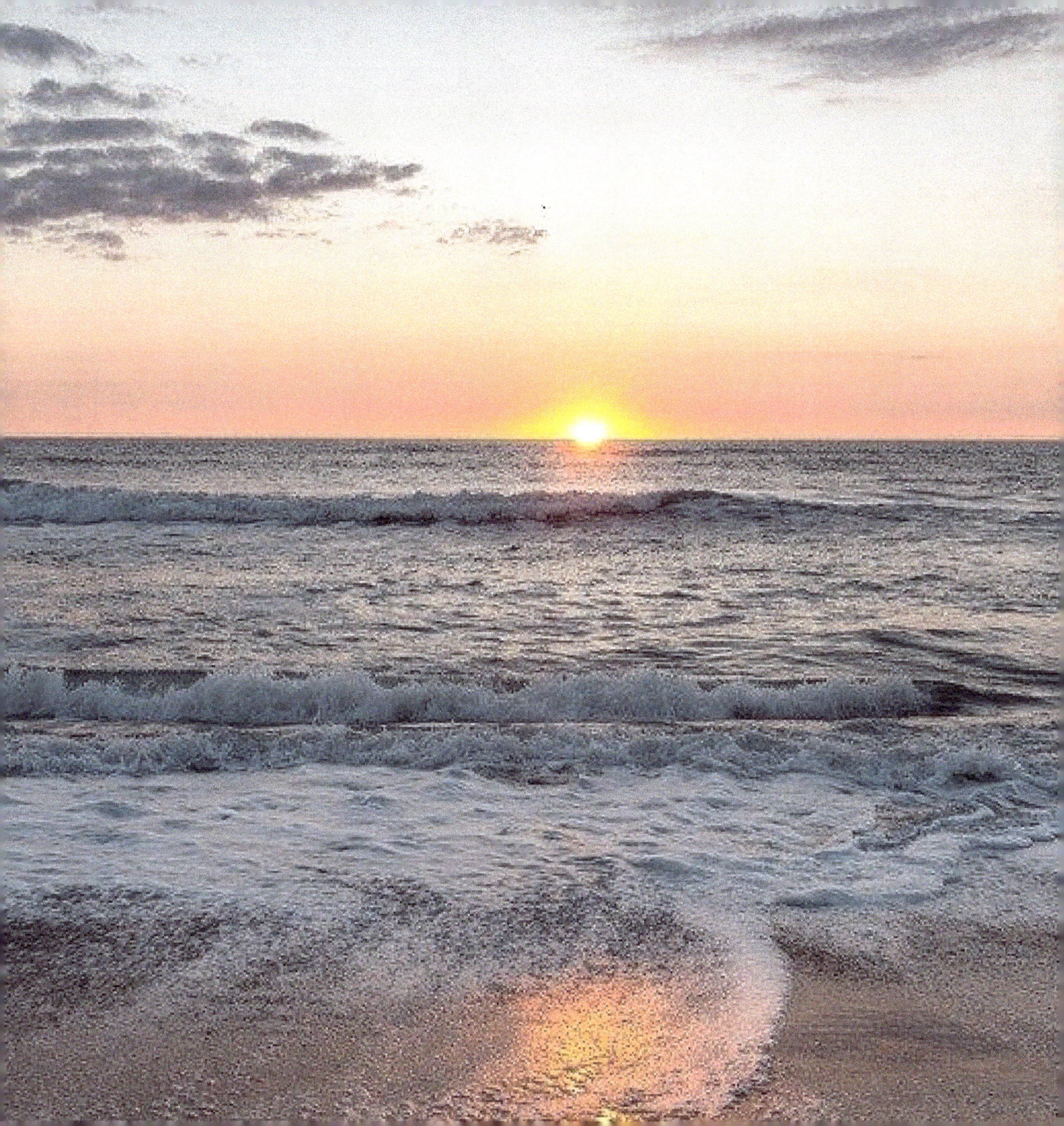

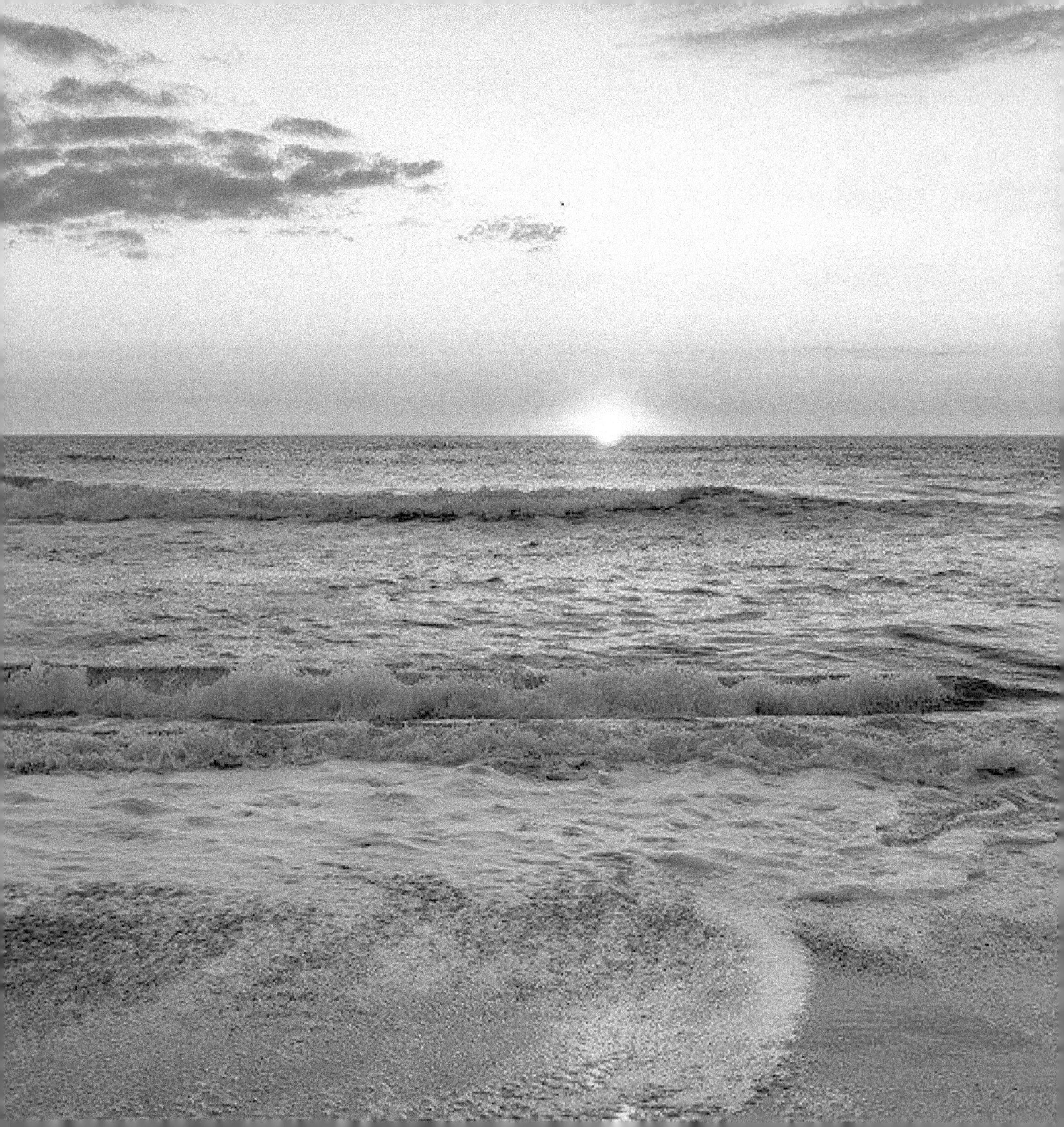

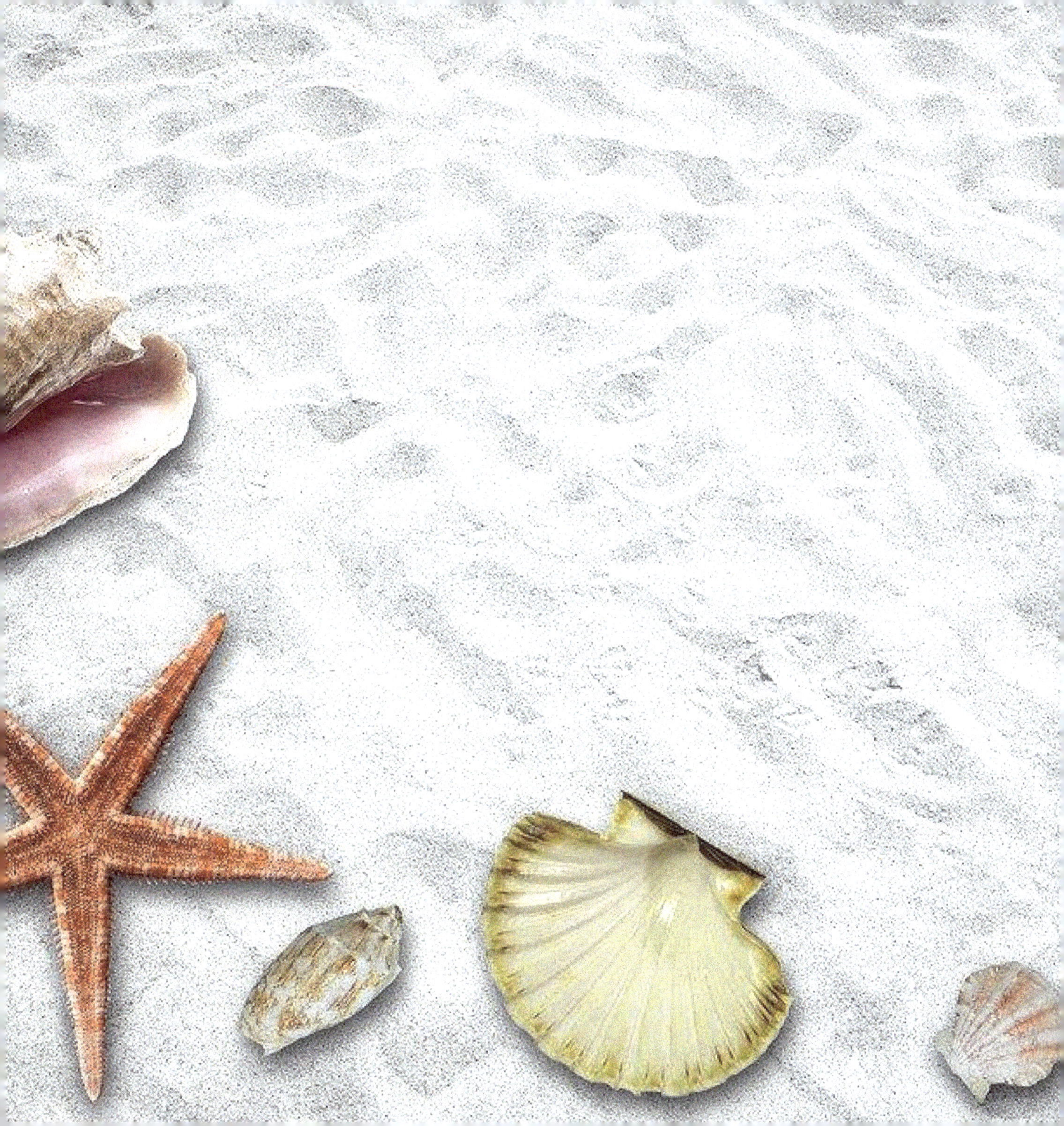

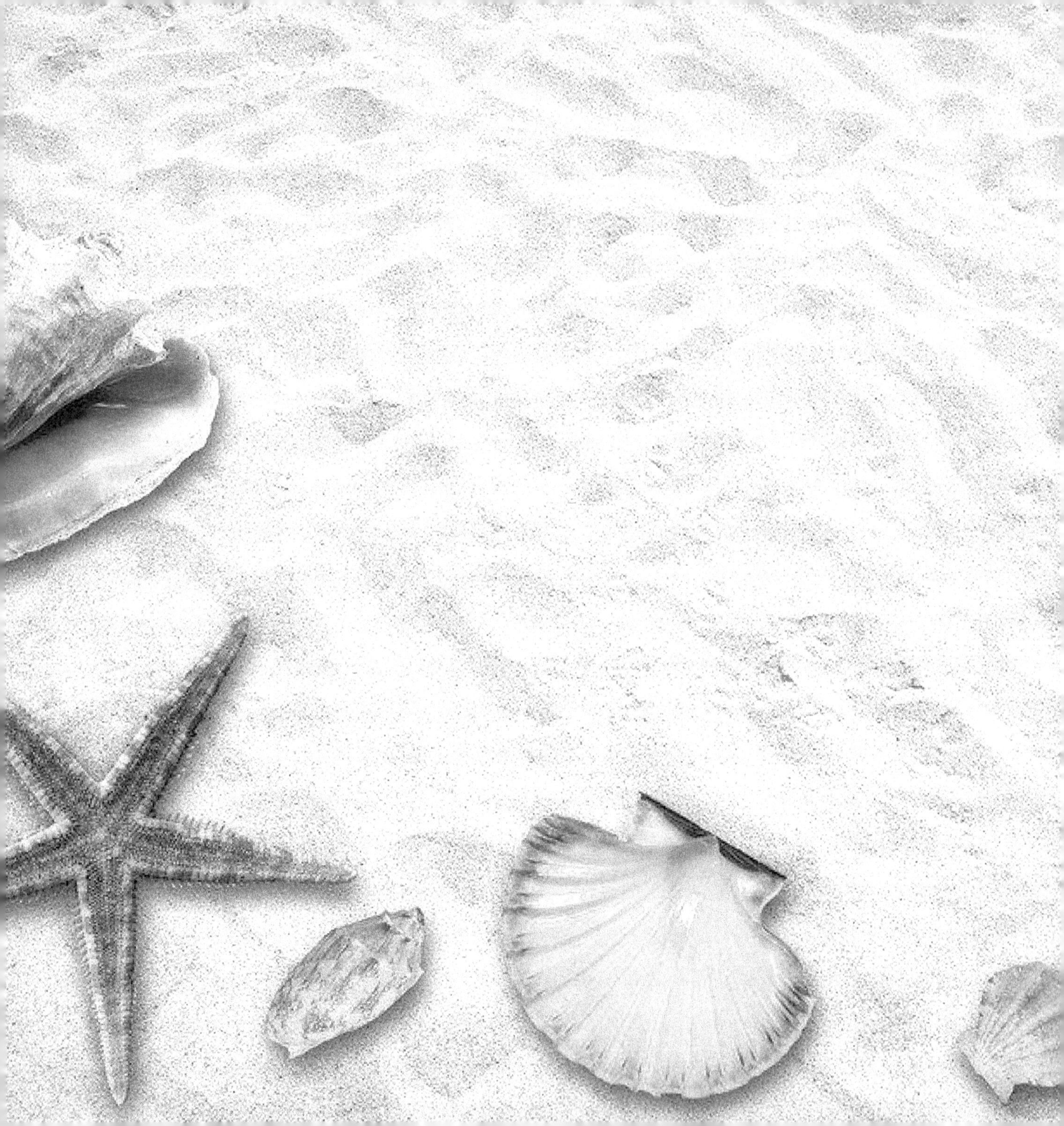

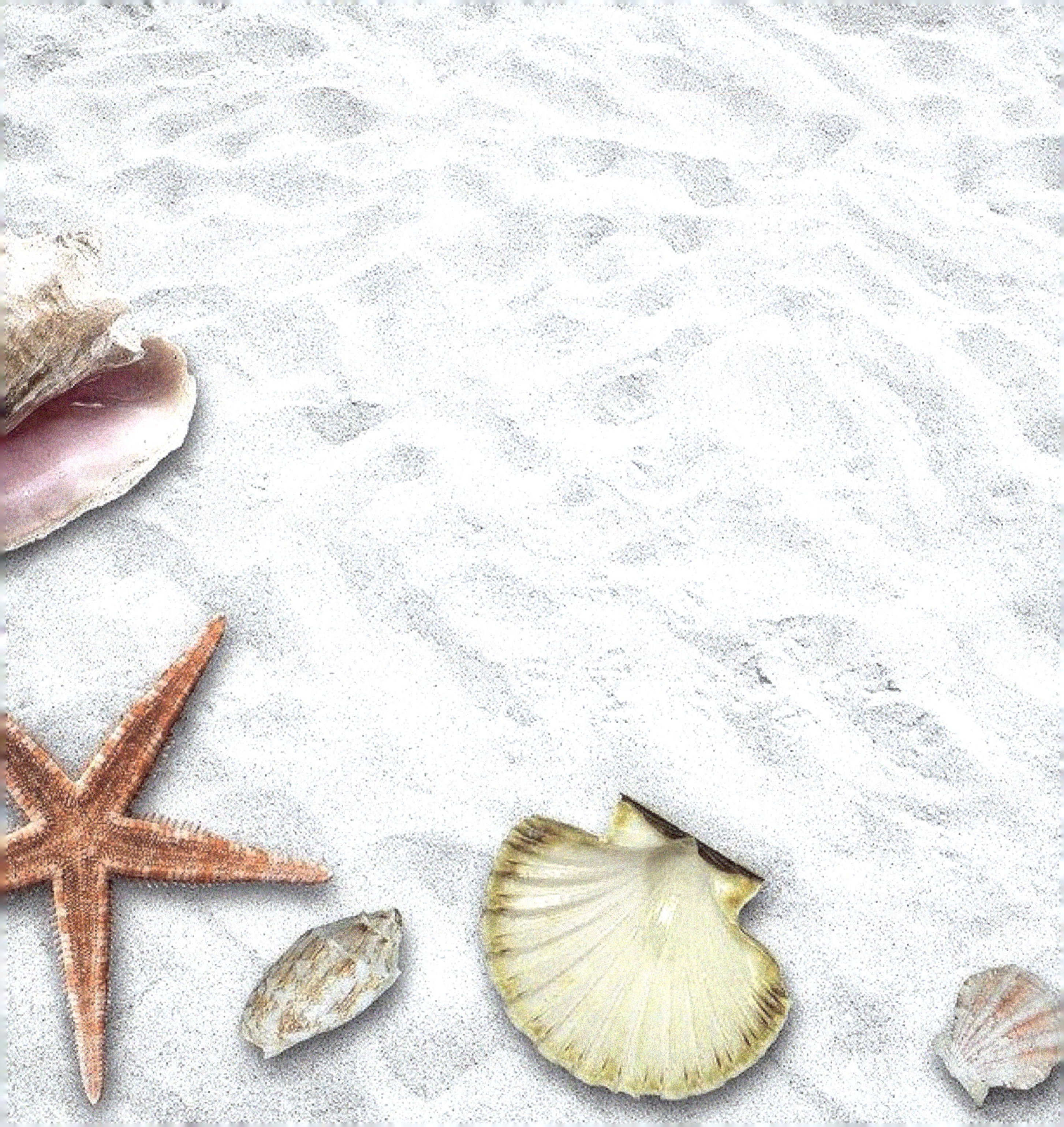

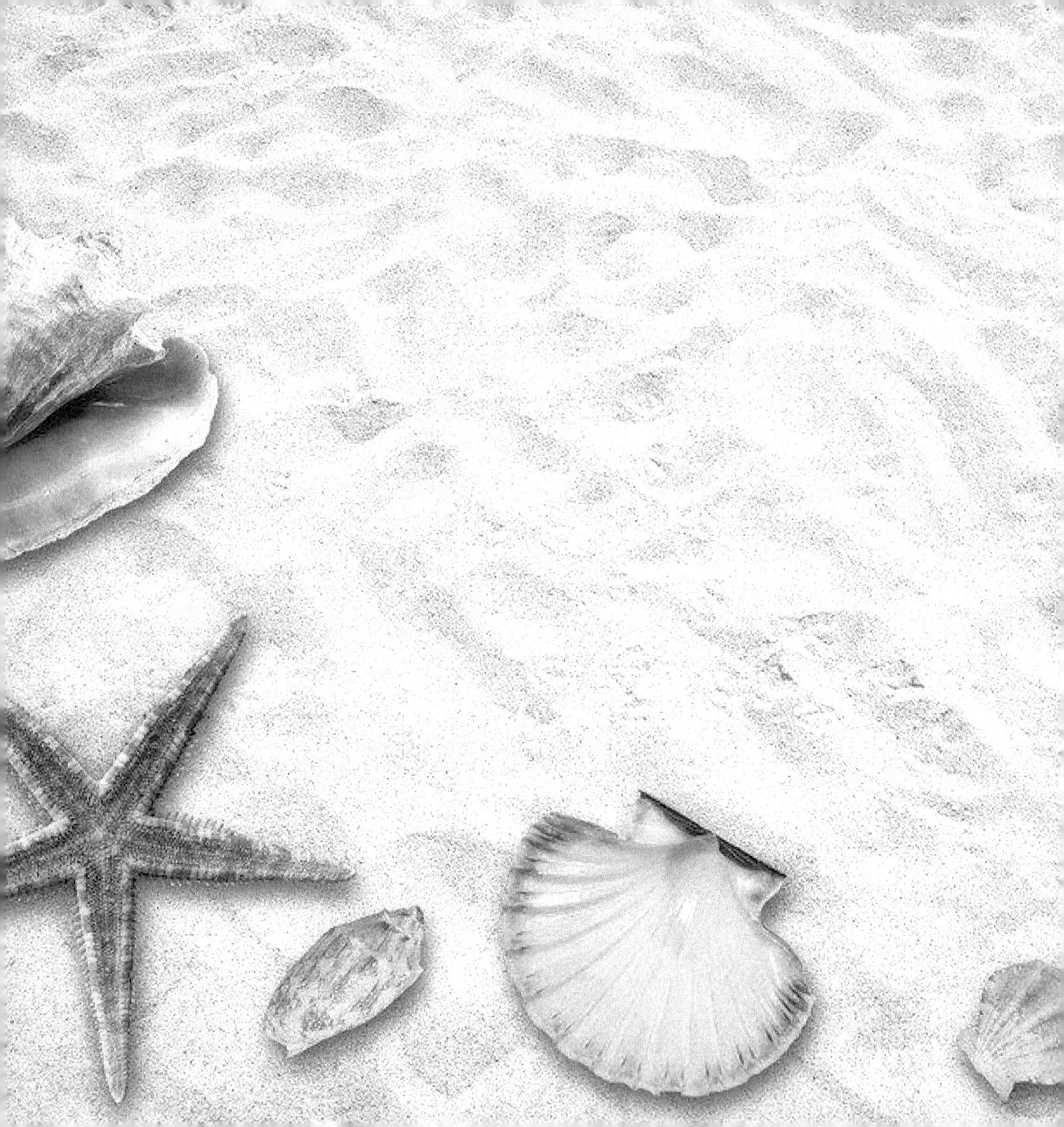

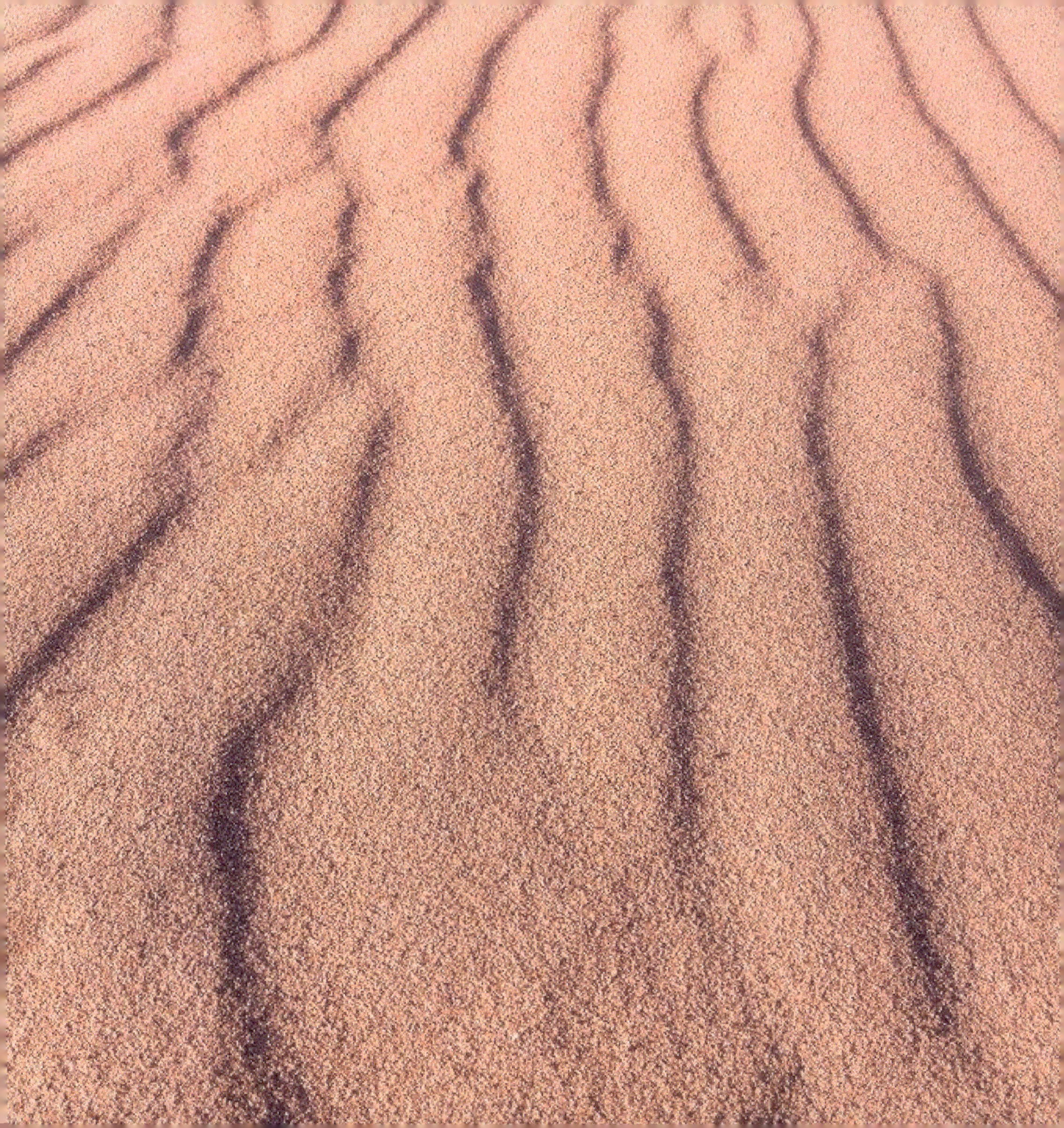

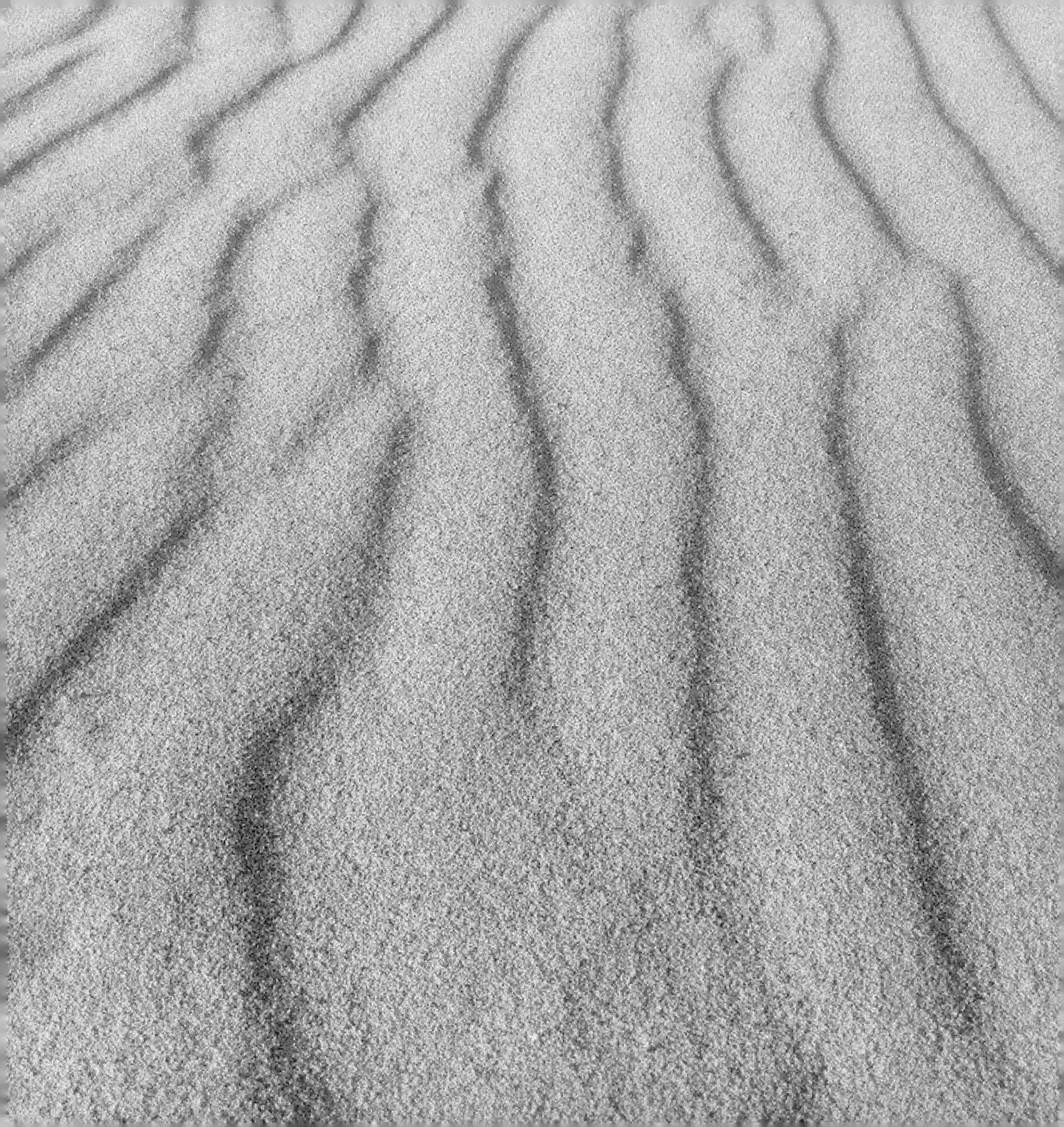

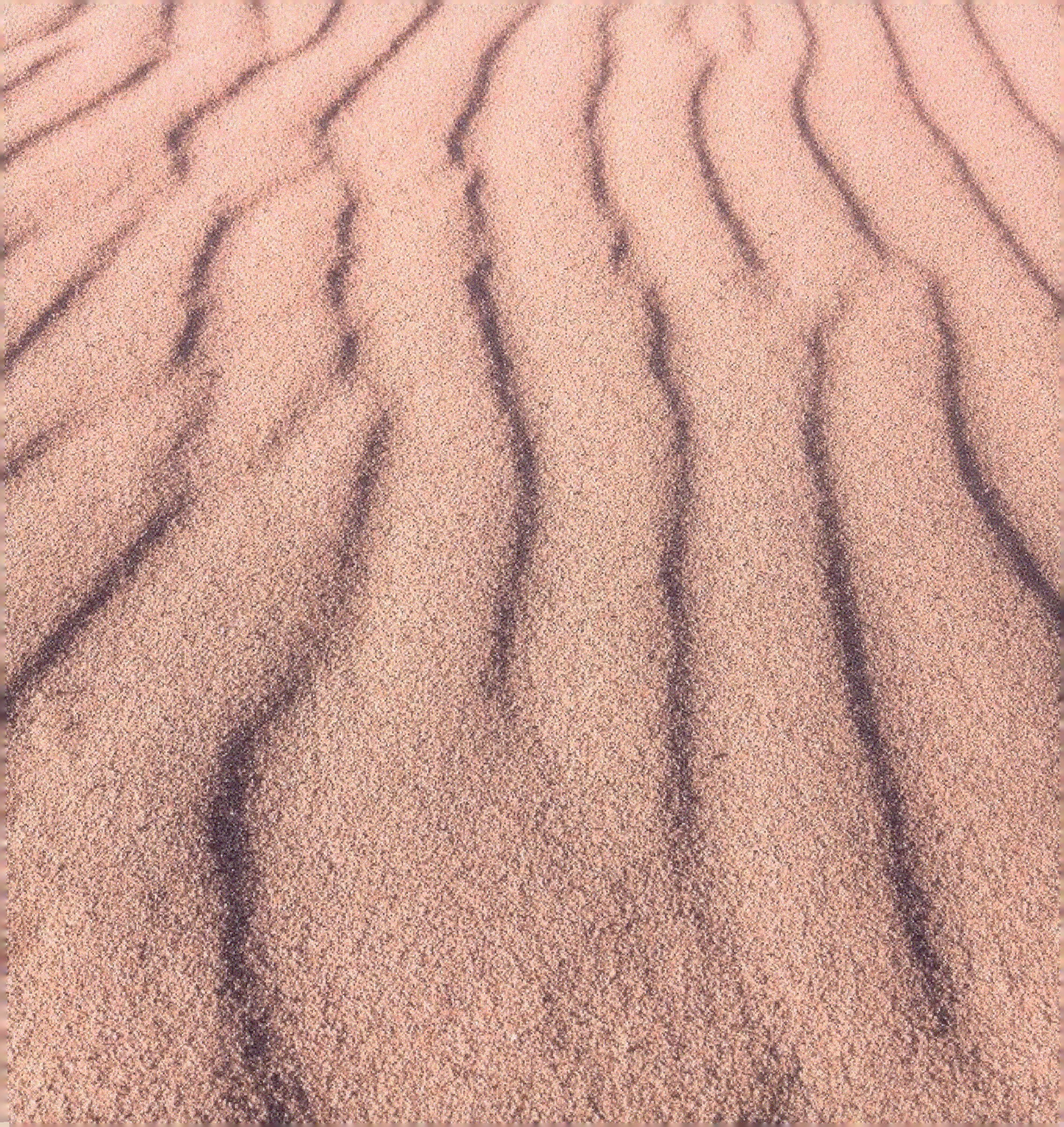

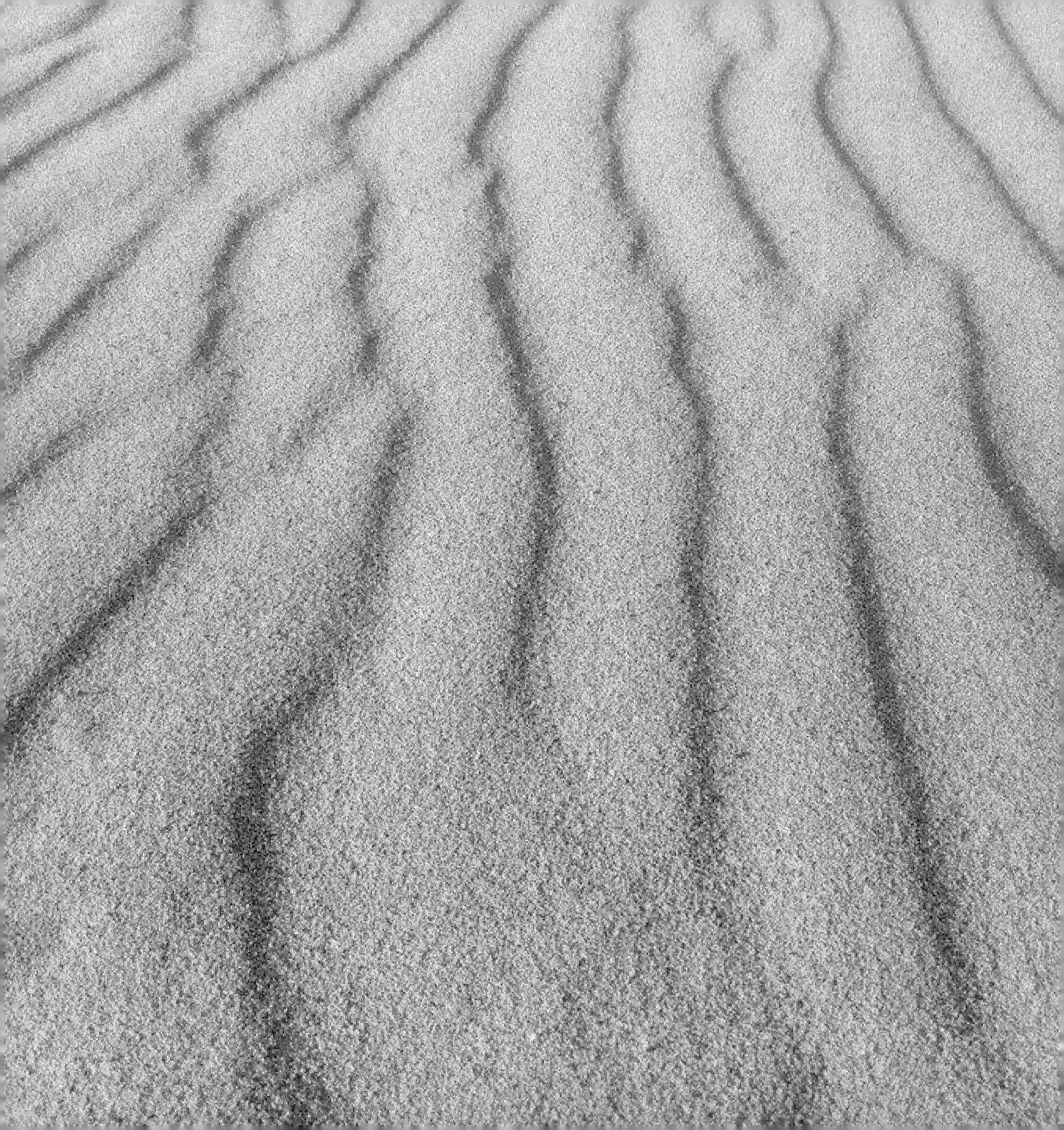